Te $\frac{14}{25}$

PRINCIPES UNIVERSELS
DU
MAGNÉTISME HUMAIN

APPLIQUÉ AU SOULAGEMENT

ET

A LA GUÉRISON DE TOUS LES ÊTRES MALADES.

> Il n'y a rien de secret qui ne doive être manifesté, ni rien de caché qui ne doive être connu et paraître publiquement.
> (*Paroles de Jésus-Christ*, ÉVANGILE SAINT LUC, VIII, 17.
>
> La félicité du corps consiste dans la santé, et celle de l'esprit dans le savoir.
> TALÈS DE MILET.

PAR VASSEUR-LOMBARD.

PRIX : 30 CENTIMES
ET PAR LA POSTE 40 CENTIMES.

PARIS
CHEZ LEDOYEN, LIBRAIRE,
Palais-Royal, Galerie d'Orléans, 31,

ET CHEZ L'AUTEUR-ÉDITEUR,
Rue Saint-Antoine, 159.

1859

Paris. — Imp. de Pommeret et Moreau, 42, rue Vavin.

A M. MICHEL

Auteur de la *Clé de la Vie* et de la *Vie universelle* (1).

A vous, qui le premier avez fait connaître à l'humanité la vraie vie, matérielle, spirituelle et céleste; à vous de qui je tiens la lumière dont un rayon éclaire ce petit écrit; à vous, je dédie mon opuscule, heureux de la pensée que votre nom lui portera bonheur comme, aussi, à tous ceux qui le liront.

(1) On trouve ces ouvrages chez l'auteur, rue du Hazard, 9.

A MESMER

HOMMAGE DE RECONNAISSANCE ET DE RESPECT.

Honneur et respect à la mémoire de Mesmer, de cet homme illustre, qui le premier a révélé à tous l'existence de la puissance magnétique donnée par le Créateur à l'homme pour soulager son semblable. Merci, trois fois, merci au nom de l'humanité reconnaissante, aux savants et courageux disciples de Mesmer : à d'Eslon, de Puységur, Deleuse, du Potet, Ricard, Teste, Cahagnet, Aubin-Gautier, Lafontaine, Charpignon, Gentil, Duplanty, Louyet et à tous les magnétiseurs présents et à venir, qui consacreront, comme ces généreux philanthropes, leur science, leur force vitale et leur fortune à l'enseignement, à la pratique du magnétisme, et au soulagement de l'humanité.

PRÉFACE.

La théorie et la pratique du magnétisme sont tellement unies entre elles qu'il est presque impossible de les séparer; cependant j'ai été obligé, pour me faire facilement comprendre de ceux qui étudieront le magnétisme humain, d'après les principes universels que contient ce petit traité, de le diviser en trois parties. La première contient la définition et la théorie des principes universels du magnétisme humain; la seconde, la pratique et l'application directe du magnétisme; la troisième, enfin, renferme l'indication des moyens auxiliaires fluidiques ainsi que leur application dans les traitements et les opérations magnétiques. J'ai donné, dans ces trois parties, les moyens simples et faciles pour tous, à l'aide desquels on peut développer sa puissance fluidique pour l'utiliser ensuite au soulagement de son semblable et de tous les êtres de la nature.

Comme je ne veux pas exercer de pression sur le libre arbitre de mon prochain, je n'ai rapporté aucune citation de faits merveilleux produits par la puissance fluidique, depuis l'importation en France des procédés du magnétisme, par Mesmer, en 1778, jusqu'à nos jours; faits attestés, tous, par les témoignages les plus honorables, et dont le simple et fidèle exposé serait capable à la fois de convaincre sans examen les personnes croyantes et de frapper d'étonnement les sceptiques les plus matériels. Je me contente de dire aux personnes disposées à croire à la possibilité de faits merveilleux, sur le témoignage de gens honorables : ne croyez pas sans voir, car la vérité loin de craindre l'examen le désire ardemment au contraire ; je dis aux sceptiques à qui le doute et la négation servent de boussole pour se diriger dans la vie matérielle : ne condamnez pas un principe que vous ne connaissez pas, parce qu'il est au-dessus de la matière. Etudiez, pratiquez, observez, et quand vous aurez acquis l'expérience que donne la pratique, vous aurez la certitude de l'existence réelle et de la puissance du magnétisme, vous en connaîtrez aussi l'utilité pour le soulagement de toutes les créatures animées.

Je termine par des conclusions générales sur l'emploi du magnétisme humain approprié aux soins de la famille, de l'horticulture et de l'agriculture en général.

Je ne puis clore ces quelques mots de préface sans appeler l'attention particulière des dames sur l'utilité de ce petit ouvrage et sans en recommander l'étude à ce sexe intéressant, poursuivi de préférence par les douleurs morales et physiques qu'il supporte avec une résignation et un courage qui l'ont fait appeler le *sexe fort* (1), dans les trois phases successives de son existence, comme fille, comme épouse et comme mère.

VASSEUR-LOMBARD.˙.

---

(1) Louis Jourdan, *Mauvais ménages.*

PRINCIPES UNIVERSELS

DU

MAGNÉTISME HUMAIN.

PREMIÈRE PARTIE.

DÉFINITION ET THÉORIE.

I. — De l'atmosphère terrestre et de ses fluides.

La planète, au moyen d'un cordon fluidique arômal, respire dans l'atmosphère du soleil. L'atmosphère terrestre sert de poumons à la planète. Cette atmosphère s'alimente, par son aspiration, dans celle du soleil, des fluides vivants qui entretiennent la vie des quatre règnes et celle de la planète elle-même, à son centre intelligent. Le gaz azote est, dans l'air, le récipient fluidique inerte des fluides vivants, de la vraie vie, comme l'eau est le récipient liquide des fluides vivants qui l'animent, et la terre, celui des fluides vivants qui alimentent d'en bas les produits de la végétation.

Les fluides vivants transmis à la planète et distribués partout, selon le degré de valeur de chaque partie, de chaque substance et de chaque être, sont les fluides vitaux et les fluides célestes dont le plus pur et le plus subtil est le fluide divin.

Ces fluides insaisissables et dont la science humaine n'atteint et ne connaît, sous le nom d'oxygène et d'hydrogène, que la grossière enveloppe fluidique, sont animés par des myriades incalculables de petits êtres intelligents infinitésimaux, invisibles, vitaux ou célestes, agents de la vie partout, et dont les fluides de leur nature ne sont que le véhicule obéissant.

C'est l'appel à ces fluides vivants, par la volonté de l'âme, qui les met en mouvement. C'est leur amour dévoué et leur déférence empressée pour la volonté de l'âme humaine, leur directrice, qui les aiguillonne à lui obéir. C'est leur intelligence infaillible, spirituelle et céleste qui les guide dans l'exécution instantanée de leur travail intelligent.

En rapport par nature avec l'âme du globe, l'homme bien intentionné peut en obtenir, par une pure invocation faite à Dieu, une aide fluidique efficace et toute-puissante. De là, les envois de fluides universels, ainsi nommés parce que ces fluides desservent tout l'univers de Dieu. De là encore, l'envoi de fluides quintessentiels, à l'intervention miraculeuse, des fluides célestes qui servent à l'alimentation de l'âme collective céleste du globe, et dispensés, sur leur demande, pour le soulagement de ses enfants.

II. — Du magnétisme humain.

Le magnétisme humain est la manifestation de la puissance attractive vivante spirituelle, qui anime l'homme sous la direction immédiate de son âme. Cette même puissance attractive, vivante, spirituelle, anime tous les êtres de l'univers, sous la direction médiate de l'âme planétaire, et les relie tous entre eux jusqu'à l'Etre suprême.

L'homme exerce sa puissance magnétique, par la volonté et l'intention, au moyen de l'émission du fluide vivant attractif spirituel qui l'anime. Il peut exercer sa puissance fluidique sur lui-même, sur son semblable et sur tous les êtres de la nature, animaux et végétaux. Le magnétiseur peut également déposer sa puissance fluidique sur une substance ou un objet quelconque pris parmi les trois règnes inférieurs, dans le règne animal, dans le végétal ou dans le minéral, pour lui servir d'auxiliaires, conducteurs de sa volonté, dans les différentes applications du magnétisme curatif.

III. — Du fluide humain.

Le fluide humain est le même agent attractif vital spirituel qui anime toute chose; mais, raffiné, élevé en valeur à la hauteur de l'homme dans la nature. Le fluide est, par conséquent, de sa nature, attractif, vital, intelligent, impondérable et indestructible. Il pénètre tous les corps et franchit toutes les distances spontanément. Sa couleur est blanche, lorsqu'il émane d'un être sain, et, s'il vient d'un individu malade ou impur, il est grisâtre, sale. Le fluide humain est imperceptible à l'œil matériel, mais il est visible pour les somnambules lucides et pour les voyants magnétiques. En résumé, le fluide humain contient en essence les trois principes de vie trinaire : le principe divin, le principe spirituel et le principe naturel, répandus en quantité inépuisable et incommensurable dans l'atmosphère qui nous alimente tous fluidiquement.

IV. — De la puissance magnétique.

Tous les êtres humains sont doués de la puissance magnétique, mais tous ne peuvent pas l'exercer au même degré ; les uns parce qu'ils sont trop faibles ou malades, les autres parce qu'ils ont l'esprit distrait et qu'ils ne peuvent pas recueillir leurs idées avec ordre, ni concentrer avec force leur volonté vers un même but. L'homme est plus apte que la femme à exercer la puissance magnétique, surtout à cause de son fluide attractif électro-aimanté, en dominance masculine ou positive, ainsi que par la supériorité de sa constitution et l'harmonie constante qui règne dans tout son organisme, à un degré comparativement plus élevé que chez la femme. Mais si la femme est moins apte que l'homme à exercer la puissance magnétique, tant à cause de son fluide métallo-ferrugineux en dominance féminine ou négative, que de la délicatesse de sa constitution et de la variation naturelle de sa santé, elle est, en récompense, douée d'une finesse exquise de tact, et elle a, pour sa famille, un amour et un dévouement qui vont jusqu'à l'héroïsme. Ces qualités réunies lui donnent la faculté d'exercer une influence magnétique merveilleuse et des plus salutaires sur son mari et sur ses enfants, lorsqu'ils sont indisposés ou malades.

La femme doit aussi magnétiser avec beaucoup plus de ménagement que l'homme ; elle doit, non-seulement, exercer sa puissance dans les proportions de sa force morale et physique, mais surtout elle ne doit en faire usage que dans un bon état de santé. Les enfants des deux sexes peuvent magnétiser avec intelligence, par imitation, dès l'âge de sept ans, mais les parents ne doivent pas leur laisser exercer la puissance magnétique aussi jeunes, parce que, n'étant pas formés, ils empêcheraient par une émission réitérée de leur principe vital, le développement de leur constitution physique.

V. — De l'utilité du magnétisme humain.

Le magnétisme humain est l'agent thérapeutique vivant le plus puissant employé par l'homme au soulagement et à la guérison de tous les êtres souffrants et malades. Qu'ils appartiennent au règne humain, au règne animal ou au règne végétal, la loi est une pour tous, ainsi que son application, abstraction faite de la nature et de la condition de ces êtres.

VI. — Des organes conducteurs du fluide magnétique.

Les yeux, la bouche et les mains sont les conducteurs naturels et directs du fluide humain, lequel sert à manifester la puissance magnétique extérieurement. La vue, la voix, le souffle et les gestes concourent tous ensemble au soulagement du malade en lui communiquant une partie des forces vitales fluidiques du magnétiseur. Le regard calme et bienveillant du magnétiseur inspire la sécurité et l'espérance au malade ; sa parole douce et ferme le console et le soutient, et ses gestes ou passes magnétiques fortifient les organes affaiblis du malade et en rétablissent l'équilibre en leur rendant la santé.

VII. — Des aptitudes d'un magnétiseur.

Le magnétiseur, pour exercer sa puissance fluidique dans de bonnes conditions, doit être doué d'un esprit droit, d'une volonté ferme et avoir des intentions pures. Il doit être aussi doué d'un tempérament sain et nerveux, plutôt maigre que gras et jouir d'une santé régulière.

VIII. — Des devoirs d'un magnétiseur.

Le magnétiseur doit employer uniquement sa puissance fluidique au soulagement des êtres souffrants et n'avoir qu'un but, celui de les soulager. Il ne doit mettre aucune tension dans la manifestation de sa volonté, ni aucune roideur dans l'exécution des passes magnétiques qui servent à l'émission de son fluide. Il doit éviter de développer en lui la faculté sensitive magnétique, afin de ne pas emporter, à son préjudice et sans profit pour le malade, une partie du fluide impur de ce même malade pour le communiquer ensuite à d'autres. Il doit magnétiser également de la main droite et de la main gauche, s'il veut conserver l'équilibre et l'harmonie dans l'émission régulière de ses forces fluidiques vitales. Il ne doit pas se servir exclusivement du regard pour exercer sa puissance fluidique; car, en concentrant ces forces fluidiques vers les organes de la vue, il les détruirait infailliblement. Il ne doit pas non plus dépenser de ses forces vitales fluidiques au delà de ce que le sommeil réparateur peut lui rendre chaque jour. Enfin, le magnétiseur doit, dans l'exercice de sa puissance fluidique, ainsi que dans l'emploi des auxiliaires conducteurs fluidiques de sa volonté, agir avec une grande prudence, d'après la nature, la constitution et l'état des êtres souffrants.

IX. — De l'exercice du magnétisme humain.

Le magnétisme humain s'exerce par la volonté seule et par la volonté jointe à l'action, au moyen de gestes faits avec la main et qu'on nomme passes magnétiques. Il y a trois espèces de passes magnétiques bien distinctes et dont les autres ne sont que des modifications variées; elles se font toutes de la tête aux pieds, savoir : la passe attractive, la passe médiatrice et la passe répulsive.

La passe attractive se fait en étendant la main, les doigts légèrement écartés et sans roideur de muscles, vers le sujet, et puis en les ramenant à soi avec la volonte de retirer le fluide impur de l'organe qu'on veut dégager, et en ayant le soin de secouer ses doigts, après chaque passe, afin de les dégager du fluide impur qu'ils viennent de soutirer.

La passe médiatrice se fait en étendant la main, les doigts rapprochés, immobiles et sans contraction de muscles vers le sujet, avec la volonté de calmer ou de fortifier un de ses organes. Elle se fait aussi en posant la main, avec ou sans pression, sur l'un des organes du sujet avec la même volonté de calmer ou de fortifier cet organe. Elle se fait encore en promenant, de la tête aux pieds du sujet, les deux mains, à distance ou de près, sur ses organes avec la volonté aussi de calmer, de fortifier ou de rétablir l'équilibre de ces mêmes organes, et en ayant le soin, après chaque passe, de dégager ses mains du mauvais fluide dont elles sont imprégnées.

La passe répulsive se fait en étendant la main, les doigts rapprochés, immobiles et sans tension de muscles vers le sujet, avec la volonté de chasser les fluides impurs de tout son corps ou de l'un de ses organes. Elle se fait aussi en rapprochant, vers soi, les bras courbés en deux, les mains étendues l'une sur l'autre, la paume en avant, et puis ensuite en les éloignant et les ramenant successivement dans la même position par un mouvement de va et vient exécuté d'une manière énergique et proportionnée à l'action, avec la volonté de chasser, de la tête aux pieds du sujet, et d'une manière transversale, les fluides impurs qui forment son atmosphère ambiante. Elle se fait encore en agitant la main, les doigts fermés et le bras un peu courbé, dans la position de quelqu'un qui menace et veut frapper, avec la volonté de déplacer et de chasser les fluides impurs et rebelles du corps du sujet ou de l'un de ses organes. Enfin, elle se fait aussi la main étendue en l'agitant, comme si on voulait couper un courant fluidique.

Exception à la règle générale. — Il existe un seul cas où les passes magnétiques attractives et médiatrices peuvent être employées en remontant de l'estomac à la bouche pour faire évacuer par le haut; c'est dans le cas d'asphyxie par l'eau ou par le charbon. Mais on doit employer ce moyen violent avec une grande prudence.

X. — De l'exercice du souffle magnétique.

Le souffle magnétique chaud ou froid est un agent fluidique puissant dont l'emploi est facile. On exerce son action comme celle des passes magnétiques, par la volonté et l'intention, en soufflant légèrement à chaud ou à froid, à travers un linge, selon le mal et l'organe. Le souffle chaud sert principalement à fortifier ou à ranimer le principe vital lorsqu'il est affaibli, ainsi qu'à rétablir l'équilibre de la vie lorsqu'il est dérangé spontanément. Il sert encore à calmer, à réchauffer et à fortifier les organes dans certaines affections provenant de causes froides et où l'action des passes magnétiques médiatrices serait trop modérée. Le souffle froid sert à rafraîchir et à fortifier les organes dans les affections provenant de causes chaudes et quand l'action des passes magnétiques répulsives ne *serait* pas assez active. Le souffle chaud et le souffle froid servent aussi dans la magnétisation des boissons, des aliments, des liquides, des objets et des récipients magnétiques, selon le but et l'usage interne ou externe auxquels on les destine.

XI. — De la sensibilité des êtres soumis à l'action magnétique.

Tous les êtres humains, jeunes ou vieux, en bonne santé ou malades, sont accessibles à l'action magnétique. Que la sensibilité se manifeste ou non à l'extérieur, les effets de la puissance fluidique n'en sont pas moins réels pour cela. Mais tous les êtres malades éprouvent les effets de la puissance fluidique d'une manière ostensible, ainsi que tous ceux qui sont aptes à devenir somnambules. Les animaux et les végétaux éprouvent aussi les mêmes effets de sensibilité magnétique, en proportion de la nature et de l'existence de ces êtres. Supérieur en puissance et en qualité vitale et thérapeutique à tous les médicaments matériels qui perdent leur action efficace à mesure que le corps est habitué à les prendre, le fluide humain exerce son influence salutaire d'une manière de plus en plus sensible sur tous les êtres qui sont souvent magnétisés.

Sur dix personnes prises au hasard et soumises à l'action magnétique, sept éprouvent des effets de sensibilité très-appréciables; et sur dix personnes sensibles à l'action magnétique, trois au plus sont aptes à devenir somnambules à un degré convenable.

Les facultés somnambuliques sont inhérentes à tous les êtres humains, également à l'homme comme à la femme. Mais elles ne peuvent être développées par la puissance magnétique que chez certains êtres privilégiés fort impressionnables, d'une bonne santé ou malades.

XII. — Effets généraux de sensibilité qu'éprouvent les personnes magnétisées pour la première fois.

Les personnes soumises pour la première fois à l'action magnétique éprouvent toutes, d'une manière plus ou moins sensible, quelques-uns des effets généraux que voici : maux de tête ou étourdissements légers, étouffements ou oppression, lourdeur ou abattement général avec ou sans lassitude, somnolence ou lourdeur sur les paupières, engourdissement ou fourmillements dans les jambes et quelquefois dans les bras.

XIII. — Des heures et de la durée des magnétisations.

Toutes les heures sont convenables pour exercer la puissance magnétique sur tous les êtres humains malades, mais il y en a de plus commodes que d'autres ; telles sont : celle du matin, à huit heures, celle de midi, et le soir à sept heures. Pour la durée des magnétisations appliquées aux malades, elles varient en raison de l'urgence et de la gravité des maux, depuis dix minutes jusqu'à une heure. Quant aux heures et à la durée de la magnétisation des somnambules, les magnétiseurs doivent questionner les somnambules dans leur sommeil à ce sujet.

XIV. — Des crises qui se produisent pendant les traitements magnétiques.

Il se produit dans le cours des traitements ou vers la fin, en raison de l'état des malades, des crises qui renouvellent en partie les souffrances qu'ils ont pu éprouver pendant leurs maladies et qui pourraient les inquiéter, s'ils n'étaient pas prévenus à l'avance par leur magnétiseur. Ces crises salutaires sont produites par les efforts que fait la nature humaine, soutenue par la puissance fluidique du magnétiseur, pour déraciner le mal jusque dans ses derniers retranchements et pour l'expulser ensuite au dehors.

XV. — De la cause des maux et du remède à y apporter.

Les maladies et les maux de toute nature, quelle que soit leur origine, sont causés par des fluides impurs qui répandent la corruption dans le sang, qui obstruent les organes moraux et physiques et qui en troublent l'harmonie en alimentant le mal. Le remède le plus naturel et le plus puissant pour soulager et guérir tous les maux est donc le magnétisme employé sous toutes les formes en rapport avec la constitution des malades et la nature de leurs maux.

XVI. — Moyen d'attirer le fluide universel et manière de l'employer.

On peut, par la volonté et à l'aide de passes attractives dirigées dans l'atmosphère et sur la terre, attirer d'une manière générale ou particulière, de près ou de loin, sur un être humain, animal ou végétal, le fluide vital universel qui anime la nature entière, lequel est fractionné et varié à l'infini en raison des besoins de chaque être. On peut, à l'aide du même procédé, attirer le principe vital ou thérapeutique particulier d'un végétal ou d'un minéral salutaire.

On peut aussi, avec ce procédé simple, puiser à la même source intarissable et incorruptible qui alimente la nature, tous les fluides utiles à la magnétisation des boissons, des aliments, des liquides, des objets et des récipients fluidiques de tous genres, qui servent dans les différents traitements magnétiques, employés pour le soulagement et la guérison de tous les êtres malades.

On a le soin, comme dans le magnétisme humain, de désigner le principe vital ou thérapeutique qu'on désire attirer sur telle substance voulue ainsi que l'usage auquel on destine cette substance.

On peut encore attirer le fluide vital universel sur une étendue de terrain couverte de végétaux de toute espèce, soit pour servir de promenade hygiénique aux malades, soit pour faire croître ces mêmes végétaux et augmenter leurs qualités vitales; car il ne faut pas plus de temps pour magnétiser avec le fluide vital universel, une grande quantité de végétaux que pour en magnétiser un seul avec le fluide humain.

DEUXIÈME PARTIE.

PRATIQUE ET APPLICATION.

I. — Magnétisation préparatoire applicable à tous les êtres en bonne santé ou malades.

Le magnétiseur se place devant son sujet, quelle que soit sa nature, debout ou assis, selon la position qu'il lui est le plus commode de prendre, en raison de celle que garde son sujet. Il commence à opérer, par des passes répulsives, faites d'une manière transversale, de la tête aux pieds, avec la volonté de dégager son sujet du fluide qui forme son atmosphère ambiante; fluide qui détourne en partie, qu'il soit sain ou impur selon l'état du sujet, l'action directe du magnétiseur. Ensuite il fait deux ou trois passes médiatrices, d'une manière longitudinale et lentement, de la tête aux pieds de son sujet, avec la volonté de maintenir l'équilibre dans tout son organisme et en même temps de connaître le degré de sa sensibilité magnétique. Si le sujet est malade, ces passes médiatrices servent encore à indiquer le siége du mal, ainsi qu'à éviter au malade les désordres que son mal pourrait produire soudainement. Le magnétiseur continue alors à exercer, en toute connaissance de cause, sa puissance fluidique sur son sujet, d'une manière générale ou locale, et conformément aux principes du magnétisme, formulés dans les articles spéciaux à chaque état. Du reste, les cinq exemples de traitements qui suivent, pourront servir de modèles pour soigner toutes les maladies et tous les maux.

II. — De l'équilibre du sang.

On rétablit l'équilibre du sang, après avoir exercé la magnétisation préparatoire, à l'aide de passes médiatrices faites de près ou à distance, de la tête aux pieds, le long du corps et des membres de la personne et en faisant quelques passes aux articulations, avec la volonté de faire circuler le sang vers les extrémités et d'en rétablir l'équilibre dans tout l'organisme. On réitère cette magnétisation deux ou trois fois de suite, jusqu'à ce que le sang annonce son arrivée aux extrémités par des fourmillements dans le bas des jambes de la personne. Si l'action n'est pas assez active, le magnétiseur exerce au bas des jambes, des passes médiatrices avec pressions, en les serrant pendant quelques minutes dans ses mains avec la même volonté de faire redescendre le sang aux pieds. Ensuite le magnétiseur fait quelques passes médiatrices sans mouvement, vers les pieds de la personne, avec la volonté de maintenir le sang dans son équilibre ; et à la fin de l'opération, s'il y a nécessité, il dégage la personne par quelques passes répulsives transversales. Enfin, le magnétiseur doit soumettre la personne au régime magnétique approprié à son état. (Troisième partie, paragraphe I.)

III. — Des fièvres et des épidémies.

Les fièvres de toute nature ainsi que les épidémies se traitent de la même manière. Le magnétiseur, après avoir fait la magnétisation préparatoire, commence par exercer son action par des passes médiatrices, avec pressions sur le dos de la personne malade, avec la volonté de faire évacuer rapidement le mauvais fluide qui est dans son estomac et dans son ventre, par les voies ordinaires. Puis il souffle à froid sur la tête, si elle est chaude, avec la volonté de rafraîchir les organes intellectuels et de chasser le mauvais fluide ; et, si la fièvre est froide, il souffle à chaud sur le cœur, avec la volonté de fortifier le principe vital et de le faire circuler dans tout l'organisme. Ensuite il fait des passes répulsives vers les articulations de la personne malade, en descendant, de la tête aux pieds, avec la volonté de couper et de diviser le mal. Il fait après cela des passes attractives vers les extrémités des bras et des jambes de la personne malade, avec la volonté de soutirer le mauvais fluide, et, à la fin de la magnétisation, il dégage soigneusement la personne par des passes répulsives faites d'une manière transversale, de la tête aux pieds. Enfin le magnétiseur applique le régime magnétique approprié à la personne malade. (3ᵉ p., I.)

IV. — Des douleurs rhumatismales et autres.

Les douleurs rhumatismales et autres de toute nature se traitent de la même manière. Le magnétiseur, après avoir exercé la magnétisation préparatoire, fait des passes répulsives, de la tête aux pieds de la personne malade, sur les articulations et au siége du mal, avec la volonté de couper le mauvais fluide qui cause les douleurs; ensuite il fait des passes attractives, du siége du mal jusqu'aux pieds, avec la volonté de soutirer le mauvais fluide; et il termine par des passes médiatrices, faites de la tête jusqu'aux pieds, en s'arrêtant un peu au siége du mal et aux articulations de la personne malade, avec la volonté de calmer les organes affectés et d'en rétablir l'équilibre. Le magnétiseur soumet la personne malade au régime magnétique approprié à son état. (3ᵉ p., I.)

V. — De la paralysie.

La paralysie se traite ainsi, après la magnétisation préparatoire : Le magnétiseur fait des passes médiatrices, de la tête aux pieds de la personne paralysée, avec la volonté de ranimer le principe vital et de le faire circuler dans les organes malades, et il continue à faire des passes médiatrices avec pressions sur les articulations du côté paralysé, avec la volonté de les fortifier et de faire circuler le sang dans tout le côté malade; ensuite il fait des passes attractives de la tête aux pieds, du côté paralysé de la personne, avec la volonté de soutirer le mauvais fluide qui cause la paralysie, et il termine par des passes médiatrices, faites de la tête aux pieds, avec la volonté de rétablir l'équilibre général. Le magnétiseur soumet la personne paralysée au régime magnétique approprié à son état. (3ᵉ p., I.)

VI. — Des plaies, ulcères, cancers, écrouelles, tumeurs, et autres maux semblables.

Les plaies, les ulcères, les cancers, les écrouelles, les tumeurs et les autres maux semblables, se traitent de la même manière. Le magnétiseur, après la magnétisation préparatoire, fait des passes attractives, au siége du mal, avec la volonté de soutirer les fluides impurs qui l'alimentent; ensuite il fait des passes répulsives vers le siége du mal, avec la volonté de couper le mauvais fluide et de le chasser; et il termine par des passes médiatrices sans mouvement, dirigées sur le siége du mal, avec la volonté de calmer les ardeurs du mal et de fortifier le principe vital affaibli. Le magnétiseur soumet la personne malade au régime magnétique approprié à son état. (3ᵉ p., I.)

VII. — Des différents genres de somnambules.

Il existe deux genres de somnambules bien distincts l'un de l'autre : les somnambules naturels et les somnambules magnétiques ; et, parmi les somnambules magnétiques, il y a encore les somnambules sensitifs et les somnambules lucides ; puis, il existe aussi un genre de lucidité qu'on nomme communément état magnétique. J'appellerai ceux qui en sont doués voyants magnétiques.

VIII. — Des somnambules naturels.

Les somnambules naturels sont formés par l'action qu'exerce, parti de l'atmosphère, un courant fluidique électro-aimanté sur certains êtres sensibles en cataleptisant assez puissamment l'usage de leurs sens spirituels sans toucher au libre exercice de leurs sens naturels. Voilà ce qui explique pourquoi, privés qu'ils sont en partie de l'usage des sens spirituels qui donnent l'intelligence et la sensibilité, les somnambules naturels ont les yeux ouverts, immobiles et ne s'occupent qu'à des choses qu'ils ont l'habitude de faire mécaniquement à leur état de veille, c'est ce qui explique encore pourquoi ils sont insensibles à l'approche de la lumière et du feu, ainsi qu'au contact de l'eau et de l'air.

On peut faire passer ces personnes à l'état de somnambules magnétiques, il suffit de couper, à l'aide de passes répulsives, le courant fluidique qui les magnétise, de les dégager et de les traiter comme les somnambules sensitifs.

IX. — Des somnambules sensitifs.

Les somnambules sensitifs sont formés par l'influence qu'exerce le fluide magnétique humain sur les sens naturels et préférablement sur les organes sensitifs nerveux de certains êtres fort impressionnables, dont il développe d'une manière admirable le tact et la sensibilité, souvent même au préjudice de la lucidité ; les facultés spirituelles de l'âme étant en partie privées du stimulant fluidique qui la fait s'épanouir. Doués d'une extrême sensibilité, ces sortes de somnambules éprouvent et ressentent les mêmes effets et les mêmes sensations que les malades avec lesquels ils sont mis en rapport magnétique. Aussi il leur est facile, à l'aide de cette faculté sensitive, de juger et de définir les causes les plus cachées du mal, et, s'ils possèdent quelques faibles rayons de lumière spirituelle, ils peuvent voir et indiquer les remèdes propres au soulagement ou à la guérison de ces mêmes malades.

X. — Des somnambules lucides.

Les somnambules lucides sont aussi formés par l'influence qu'exerce le fluide magnétique sur les sens naturels des êtres sensibles à son action ; influence exercée au profit des facultés intellectuelles, qu'il développe, élève et exalte, en dégageant, pour ainsi dire, l'âme des liens matériels qui la dominent, et sans cependant que la puissance magnétique prive cet être sensible de l'usage de ses sens naturels ni même qu'elle en gêne le libre exercice. Ces sortes de somnambules, dont la vue spirituelle est ouverte, possèdent la précieuse faculté de voir à travers tous les objets matériels et à toute distance, selon le degré de leur lumière et de leur intelligence spirituelles ; ils sont, par conséquent, aptes à faire toutes espèces de recherches utiles et sérieuses, scientifiques ou autres, si on les dirige avec sagesse d'après leurs aptitudes.

XI. — Des voyants magnétiques.

Les voyants magnétiques sont formés comme les somnambules, par l'action du fluide magnétique, lequel exerce son influence particulièrement sur les organes matériels de quelques êtres sensibles, qu'il met en catalepsie presque générale, en les privant de l'usage de leurs sens naturels, en même temps que sa puissance développe les facultés de l'âme et qu'elle ouvre la vue spirituelle de ces êtres privilégiés. Les voyants magnétiques ont les yeux ouverts et immobiles, comme les somnambules naturels et ils possèdent, de même que les somnambules lucides, la faculté de voir, à travers les objets matériels, ce qui existe ou se passe de près comme de loin, en raison, bien entendu, du degré de leur lucidité et de leur intelligence spirituelle. On les consulte comme les somnambules lucides auxquels ils peuvent être assimilés. Il suffit de leur fermer les yeux, de leur rendre l'usage de la parole et le libre exercice de leurs sens naturels, en faisant sur les différents organes cataleptisés quelques passes à cet effet.

XII. — Formation des somnambules sensitifs, lucides et des voyants magnétiques.

Le magnétiseur commence avec les personnes qu'il désire former somnambules, comme avec les malades, par la magnétisation préparatoire. Après cette opération, le magnétiseur se place devant la personne, sur un siége à sa convenance; il lui recommande de s'abandonner avec confiance à son action, de ne se préoccuper de rien, et surtout de ne point se fatiguer la vue en fixant ses regards sur lui. Puis, il prend les pouces de la personne, un de chaque main, entre son pouce et son index, et il les tient dans cet état, avec la volonté de l'endormir jusqu'à ce que ses paupières commencent à se baisser. Ensuite il fait quelques passes médiatrices sur les yeux, avec la volonté de les fermer entièrement. Il continue à faire des passes médiatrices en petit nombre, depuis le sommet de la tête jusqu'à l'épigastre, avec la volonté d'approfondir le sommeil et de dominer les sens matériels. Il fait aussi quelques passes médiatrices à l'orifice des oreilles, avec la volonté d'isoler la somnambule du bruit qui peut avoir lieu autour d'elle et de concentrer toute son attention vers lui; et s'il survenait quelques légères indispositions, que la magnétisation préparatoire a dû faire pressentir au magnétiseur, il les dissiperait à l'aide des procédés qu'on emploie pour traiter les malades. (2e p., I, et 3e p., I.) Le réveil se produit en soufflant à froid sur le front et à l'aide de quelques passes répulsives faites avec la volonté de dégager la somnambule. (1re p., IX et X.)

XIII. — Direction des somnambules sensitifs, lucides et des voyants magnétiques.

Le magnétiseur dirige les somnambules sensitifs, lucides et les voyants magnétiques, d'après leurs aptitudes et leurs capacités, avec bienveillance et fermeté. Il établit le rapport magnétique entre les personnes qui consultent et les somnambules, sans contact matériel, à l'aide de quelques passes attractives, comme cela est indiqué, 2e p., XIV. Il recommande aux personnes qui consultent la somnambule de poser leurs questions avec ordre, l'une après l'autre, d'une manière simple et franche, de ne pas chercher à surprendre la somnambule ni à l'éprouver en rien, si elles veulent obtenir des vérités en réponse à leurs questions. Le magnétiseur ne doit pas souffrir que les personnes qui consultent sa somnambule lui adressent des questions futiles, indiscrètes ou immorales. Lorsque le magnétiseur consulte pour des personnes qui sont éloignées, il établit un courant lumineux et sympathique, de la somnambule à la personne qui consulte, à l'aide de quelques passes attractives, faites avec la volonté de faire voir devant elle la personne malade, quels que soient le lieu et la distance où se trouve cette personne. Lorsque le magnétiseur veut faire voyager sa somnambule, il doit la diriger avec prudence et fermeté à travers les différents pays qu'elle parcourt rapidement, afin de lui éviter les sensations, souvent dangereuses, qu'elle éprouve en traversant des climats variés et malsains. Il doit de même lui éviter les effets du mal de mer lorsqu'elle la traverse; il doit aussi la diriger avec prudence et fermeté, lorsqu'elle passe par des voies qui lui sont inconnues et dont les abords sont entourés d'écueils et de précipices qui l'effrayent.

Lorsqu'une personne malade consulte la somnambule, son magnétiseur doit lui faire examiner le tempérament ainsi que la constitution morale et physique de cette personne, pour savoir comment fonctionnent tous ses organes, et afin que, d'après cet examen et les sensations sympathiques que la somnambule a éprouvées de même que la personne malade, elle voie et juge les causes du mal et prescrive le remède. Enfin, le magnétiseur ne doit jamais quitter sa somnambule pour en laisser la direction à une personne souvent ignorante ou malintentionnée. Il doit sans cesse se souvenir que la santé et la moralité de sa somnambule sont confiées à sa direction constante, sage et ferme.

XIV. — Manière d'établir le rapport magnétique.

Le rapport magnétique s'établit, de loin ou de près, par la volonté du magnétiseur, à l'aide de quelques passes attractives exercées de la personne qui consulte à la somnambule. Le rapport magnétique s'établit de même entre une personne malade et un récipient fluidique. Il est inutile et souvent même très-nuisible, pour établir le rapport magnétique, de mettre en contact la personne qui consulte, en lui faisant donner la main à la somnambule, car la différence des fluides et la diversité des pensées, bonnes ou mauvaises, portent presque toujours le trouble dans l'organisme des somnambules. Il faut éviter avec plus de soins encore de mettre en contact de la même manière les somnambules avec les malades, ainsi que de leur faire toucher de leurs cheveux ou bien de leur donner à toucher des objets ou des vêtements ayant été portés par ces mêmes malades, tels que bonnets, mouchoirs, flanelles et chemises, parce que ces objets et ces vêtements sont imprégnés de fluides impurs morbifiques qui s'incorporent dans l'organisme des somnambules, affaiblissent leur santé, détruisent leur sensibilité et obscurcissent leur lucidité.

XV. — Magnétisation des animaux malades.

La magnétisation des animaux malades s'exécute comme celle de l'homme, selon la même loi et d'après les mêmes principes. Le magnétiteur se place devant l'animal, dans la position qu'il lui est le plus convenable de prendre, soit à cause de sa forme, soit à cause de sa grandeur ou de sa petitesse. Il commence par exercer sa puissance fluidique sur l'animal malade par des passes répulsives, faites à distance convenable, depuis la tête, en suivant le dos et les côtés jusqu'à l'extrémité du corps, avec la volonté de le dégager des fluides impurs qui forment son atmosphère ambiante. Ensuite, le magnétiseur fait quelques passes médiatrices, de la tête, toujours en suivant le dos jusqu'à l'extrémité du corps, et en continuant le long de ses jambes jusqu'aux pieds, avec l'intention de maintenir l'équilibre dans l'organisme de l'animal et en même temps de connaître le degré de sa sensibilité magnétique. Le magnétiseur doit, pendant cette magnétisation préparatoire, observer avec une grande attention les effets apparents qui peuvent se produire chez l'animal, afin de bien définir les causes du mal. Il peut ensuite exercer, en toute sécurité, sa puissance fluidique sur l'animal malade, d'une manière générale ou locale, selon la nature et l'importance du mal. Le magnétiseur soumet l'animal au régime magnétique approprié à son état. (3ᵉ p., I.)

XVI. — Magnétisation des végétaux malades.

La magnétisation des végétaux malades diffère, dans son application générale, de la magnétisation de l'homme, en ce sens qu'elle se fait de la base du végétal au sommet. Le magnétiseur se tient debout en face du végétal et à distance convenable; il exerce son action fluidique par des passes répulsives faites de la base au sommet, en suivant le tronc ou la tige et les branches, selon son importance, avec la volonté de chasser les fluides impurs qui forment son atmosphère ambiante. Il dégage ensuite l'intérieur du végétal par des passes attractives faites avec cette intention de la base au sommet. Il continue l'action magnétique par des passes médiatrices, faites toujours de la base au sommet, en s'arrêtant un peu aux jointures des branches avec la volonté de fortifier le principe vital du végétal et de faire circuler la sève depuis ses racines jusqu'aux branches les plus élevées de son sommet.

On peut, à l'aide des mêmes procédés, magnétiser les végétaux d'un jardin, d'un verger, ainsi que toute une récolte de céréales, de légumes ou de fourrages pour les fortifier et les faire croître; seulement, on emploie pour cette magnétisation le fluide vital universel. (1re p., XVI.)

TROISIÈME PARTIE.

EMPLOI DES AUXILIAIRES FLUIDIQUES.

I. — Du régime magnétique approprié à tous les êtres malades.

Les magnétiseurs doivent, chaque matin, dégager, par des passes répulsives, la chambre, le lit et les vêtements des malades. Le même procédé sert pour assainir les étables des animaux malades. Ensuite, ils doivent saturer de fluide, par des passes médiatrices, le lit, le linge et les vêtements des malades, avec l'intention de leur communiquer la puissance fluidique thérapeutique appropriée à leur état. Ils doivent aussi magnétiser les boissons et les aliments des malades, ainsi que les liquides qui servent à l'usage externe, soit en lotion, soit en compresse. Ils doivent également magnétiser tout ce qui peut servir à faire des récipients fluidiques appropriés à l'état des malades, employer les objets et les récipients fluidiques sous toutes les formes convenables à la situation des malades et conformément aux principes du magnétisme humain, tels qu'ils sont formulés aux articles spéciaux. Comme la base rationnelle de toute perfection sanitaire réside dans la pureté et l'harmonie des organes physiques et moraux, les magnétiseurs doivent toujours mettre un principe dépuratif et purgatif dans les boissons des malades, en tenant compte, bien entendu, de leur état. Les magnétiseurs doivent aussi faire observer la plus grande propreté dans l'emploi des flanelles, des linges, des liquides et des objets magnétisés pour l'usage externe; une flanelle magnétisée mise sur un organe malade pour en soutirer le fluide impur, ne peut servir qu'une seule fois et pendant une heure; elle doit, avant de servir de nouveau, passer par la lessive, afin d'être dégagée du fluide malfaisant dont elle est imprégnée. Un linge employé en compresse pour le même usage ne doit servir aussi qu'une seule fois pendant dix minutes, et ensuite passer par la lessive, comme la flanelle, avant d'être employée de nouveau. Une bouteille en grès, remplie d'eau magnétisée, placée aux pieds d'un malade pour soutirer ses fluides impurs, ne peut servir qu'une seule fois, pendant six heures au plus la nuit, et deux heures le jour. L'eau magnétisée doit être renouvelée ensuite chaque fois qu'on veut s'en servir. Les objets magnétisés placés dans les mains des malades ou mis sous leurs pieds pour soutirer le mauvais fluide ne doivent servir aussi qu'une seule fois et pendant vingt minutes. Les magnétiseurs doivent, après l'opération, les dégager par la volonté et le souffle froid, puis les saturer ensuite de nouveau de la puissance fluidique avant de s'en servir.

II. — Union sympathique ou pile fluidique vivante.

On peut former, sous la direction d'un magnétiseur habile et avec des personnes sympathiques entre elles, une sorte de pile fluidique vivante d'une puissance extraordinaire. Cette pile magnétique humaine se forme de la manière suivante : le magnétiseur se place devant son malade dans la position qui lui est le plus convenable ; il invite les personnes dévouées sympathiquement à son malade, après avoir fait répartir également les différents sexes, à se placer derrière lui sur deux rangs et l'une devant l'autre. Ensuite il dit à la première personne de chaque rang de poser une main sur son épaule, la personne de droite, la main droite, et celle de gauche, la main gauche, et les autres personnes continuent à mettre, de la même manière, une main sur l'épaule l'une de l'autre jusqu'à la fin. Les rangs étant formés, le magnétiseur les fait écarter vers les extrémités de manière qu'il soit placé au sommet de l'angle que représente cette pile fluidique humaine. Avant de commencer l'action, le magnétiseur recommande aux personnes qui composent la pile magnétique de s'unir entre elles par la pensée, de conformer leur volonté à la sienne et de n'avoir pas d'autres désirs que les siens à l'égard du malade. Fort de la volonté et de la puissance de tous, devenues une avec la sienne, en s'unissant à lui et en passant par son organisme moral et physique, le magnétiseur peut exercer avec intelligence une action fluidique puissante, efficace et salutaire sur son malade. Le nombre nécessaire pour former une pile magnétique vivante varie en raison de la gravité des maladies et de la possibilité de rencontrer des personnes sympathiques et dévouées aux malades qu'on soigne, depuis deux personnes jusqu'à dix, et autant que possible des deux sexes.

La pile magnétique humaine ne sert que dans les cas graves et dans les maladies longues et opiniâtres où la volonté et surtout les forces fluidiques d'un seul magnétiseur ne suffisent pas.

C'est dans l'emploi intelligent de la pile magnétique vivante appliquée à la guérison des êtres malades, qu'on peut apprécier les effets salutaires et merveilleux de la puissance magnétique irrésistible d'un nombre suffisant de personnes unies entre elles par la volonté et l'intention pour ne former qu'une seule action sous la direction de l'une d'elles.

III. — Magnétisation des boissons, liquides, aliments, substances et objets pour servir à l'usage interne et externe dans les traitements magnétiques.

La volonté et l'intention étant les moteurs de la puissance du magnétisme humain, ses moyens thérapeutiques sont variés à l'infini comme la pensée qui les formule, malgré la simplicité des procédés et le nombre restreint des passes qui servent à l'exercer. On magnétise une carafe ou un vase quelconque rempli d'eau, en le touchant de la main gauche et en mettant sa main droite, les doigts réunis en faisceaux, au-dessus de l'embouchure du vase, avec la volonté de communiquer à l'eau qu'il contient tel principe curatif fluidique voulu, vital, tonique, nerveux, sanguin, calmant, rafraîchissant, purgatif, dépuratif ou autre qu'on désire, approprier à la guérison de telle ou telle maladie. Les procédés employés pour magnétiser l'eau servent non-seulement pour toutes les boissons, mais aussi pour tous les liquides employés à l'usage externe, la différence des propriétés thérapeutiques fluidiques consistant dans la variété des intentions.

Les aliments, en général, crus ou cuits, se magnétisent par les mêmes procédés que les liquides. On met ses mains, les doigts réunis en faisceaux, au-dessus des objets, avec la volonté de leur communiquer telle propriété nutritive et tonique qu'on désire. On magnétise de même le linge, les flanelles, les vêtements et toutes les choses qui servent à l'usage externe, quel que soit le règne auquel elles appartiennent. Parmi les minéraux, on emploie l'or, l'argent, le fer et les pierres précieuses. On met ses mains au-dessus des objets à magnétiser, ou bien on les touche, selon ce qui est le plus commode d'après la dimension et la forme des objets, avec la volonté de leur communiquer les propriétés thérapeutiques qu'on désire, attractive, répulsive, vitale ou autres. Les mêmes procédés servent à magnétiser également les boissons, les liquides, les aliments et les fourrages des animaux privés, ainsi que leur litière lorsqu'ils sont malades. Ces mêmes procédés servent encore à magnétiser les eaux et les purins nécessaires à l'arrosement des végétaux cultivés, ainsi qu'à magnétiser les engrais utiles pour fumer la terre qui alimente ces mêmes végétaux. On emploie pour les grandes magnétisations de ce genre le fluide vital universel. (1re p., XVI.)

IV. — Emploi des boissons, liquides, aliments et objets magnétisés.

On emploie indistinctement les boissons, les aliments, les liquides et les objets magnétisés chauds ou froids, crus ou cuits, selon leur nature et l'état des êtres malades, la vertu vitale thérapeutique fluidique étant inaltérable et indestructible.

V. — De la destination invariable des liquides, substances et objets magnétisés.

Les liquides, les substances et les objets magnétisés avec l'intention d'être employés à l'usage interne et désignés pour tel organe voulu, ne peuvent pas être employés à l'usage externe, ni servir pour un organe non désigné à l'avance par la volonté du magnétiseur. Il en est de même des liquides, des substances et des objets magnétisés pour servir à l'usage externe : ils ne doivent pas non plus être employés à une autre destination que celle qui leur a été désignée par la volonté du magnétiseur.

VI. — De la puissance magnétique communiquée aux substances de toute nature.

La puissance fluidique modifie, diminue ou augmente, à la volonté du magnétiseur et dans la limite de ses forces morales et physiques, la vertu vitale ou thérapeutique de toutes les substances auxquelles elle est communiquée.

VII. — Effets des boissons et des aliments magnétisés.

Les boissons magnétisées sont moins dures, plus légères au goût et passent plus facilement lorsqu'on les prend. Les aliments sont aussi plus légers et plus digestifs.

VIII. — Effets des eaux purgatives et dépuratives magnétiques.

Les eaux magnétiques purgatives et dépuratives préparent les organes du malade, en même temps qu'elles les fortifient, à se débarrasser des humeurs qui en troublent l'harmonie. Aussi, à un moment donné, des évacuations abondantes, en raison de l'état du malade et qui durent souvent huit ou dix jours, se produisent chez lui, sans qu'il en soit incommodé ni fatigué comme avec les purgatifs matériels.

IX. — Puissance fluidique de la musique vocale et instrumentale.

La musique vocale et instrumentale, sérieuse ou gaie, belliqueuse ou champêtre, exécutée en rapport avec les sentiments et l'état des malades, est l'agent fluidique sonique le plus puissant, par ses modulations variées et harmonieuses, pour élever l'âme vers l'Etre suprême et pour l'aider à reprendre sa domination sur la matière, en dégageant, par sa force impulsive sonique, les facultés intellectuelles, ainsi que les organes physiques du corps humain, des fluides impurs qui en troublent l'harmonie et l'équilibre.

La musique vocale ou instrumentale peut être employée magnétiquement dans le traitement des maladies provenant de causes morales, telles que dans les affections nerveuses, dans la mélancolie et dans l'aliénation mentale.

X. — Puissance du choc magnétique.

Le choc que produit un magnétiseur en frappant sur du fer avec un marteau ou une baguette de même métal est très-puissant pour chasser, par l'action du fluide sonique puissant qu'il met en mouvement, les fluides impurs qui causent les affections douloureuses, rhumatismales, aiguës et autres, ainsi que les points de côté.

XI. — Récipient magnétique fait avec de la limaille d'acier ou avec de l'eau.

On remplit de limaille d'acier un globe en verre. On prend un bouchon. On le perce dans sa longueur. On passe un fil de fer recourbé en deux et dont le bout qui ressort en dehors du bouchon forme l'anneau. On prend un cordon en laine, on l'attache à l'anneau du bouchon, et on magnétise le globe et son contenu, selon l'usage auquel on les destine, pendant vingt minutes la première fois et dix minutes les fois suivantes. Lorsqu'on désire se servir de ce récipient fluidique, on met autour du corps de la personne malade ou de l'un de ses membres le cordon qui sert de conducteur fluidique et on établit le rapport magnétique entre la personne malade et le récipient, à l'aide de quelques passes attractives, comme cela est indiqué 2° p., XIV. Après chaque opération, on dégage le cordon par la volonté et le souffle froid. Ce récipient fluidique est un puissant auxiliaire, mais il ne faut s'en servir que pour un seul malade à la fois.

On fait, de la même manière, des récipients fluidiques avec des globes en verre remplis d'eau, mais il faut changer souvent le liquide, et ils sont aussi moins puissants que ceux qu'on fait avec de la limaille d'acier.

XII. — Magnétisation des végétaux employés comme récipients fluidiques.

On magnétise avec avantage le chêne, l'orme, le hêtre, le charme, et en général tous les végétaux dont l'influence est salutaire à l'existence de l'homme. Les arbres fruitiers sont les plus convenables pour recevoir l'action fluidique et pour la transmettre ensuite aux êtres malades. Leur fluide vital participe, comme celui des autres végétaux, des qualités salutaires et variées de leurs fruits, mais on doit éviter de se servir de ces sortes de végétaux comme récipient fluidique, parce que l'émission abondante de leur principe vital nuirait au développement et à la qualité de leurs fruits. Lorsqu'un magnétiseur veut faire un récipient fluidique avec un végétal, il commence par former un cercle défensif autour du végétal, dont le diamètre est en raison de son importance, à l'aide de passes médiatrices faites avec cette intention; puis il exerce des passes répulsives sur la surface du terrain décrit par le cercle, avec la volonté de le dégager des fluides impurs qui s'y trouvent. Il fait aussi des passes répulsives de la base au sommet du végétal, en suivant le tronc et les branches d'une manière générale et rapide, avec la volonté de le dégager des fluides impurs qui forment son atmosphère ambiante. Ensuite il fait des passes médiatrices, de la base au sommet du végétal, en suivant toujours le tronc et les branches et en s'arrêtant quelques instants aux grosses jointures, avec la volonté de le saturer de fluide vital et thérapeutique approprié à l'état des malades. Le magnétiseur réitère cette opération plusieurs fois de suite ; pendant trente minutes la première fois et quinze minutes les fois suivantes, chaque matin. Le récipient végétal préparé, le magnétiseur fait placer les malades dessous, sur des siéges convenables, espacés entre eux de cinquante centimètres, puis il établit le rapport fluidique entre les malades et le récipient végétal par la volonté et à l'aide de quelques passes attractives. (2ᵉ p., XIV.) Le magnétiseur peut aussi, s'il le juge nécessaire, attacher des cordons en laine autour du tronc et des branches du végétal, en ayant le soin de les espacer de dix centimètres l'un de l'autre, pour servir de conducteurs fluidiques. Lorsqu'il veut employer les cordons conducteurs fluidiques, il entoure le corps ou les membres d'un malade avec l'un des cordons et il établit le rapport fluidique. (2ᵉ p., XIV.) Le magnétiseur ne doit faire servir un cordon qu'à l'usage d'un seul malade à la fois, afin d'éviter, au moyen de l'isolement des malades et des conducteurs fluidiques, le désordre qui se produit habituellement par le contact des malades entre eux et à cause du mélange incohérent des fluides impurs qui émanent de leur organisme. Enfin le magnétiseur doit, après chaque opération, dégager les conducteurs fluidiques par la volonté et le souffle froid. (1ʳᵉ p., IX, X.)

On peut, avec les mêmes procédés qui servent à magnétiser un végétal comme récipient fluidique, à l'aide du fluide vital universel, saturer de fluide les végétaux d'un jardin, d'un bois, d'un champ ou d'une prairie, pour servir de promenade hygiénique aux malades. (1ʳᵉ p. XVI.)

CONCLUSIONS GÉNÉRALES

SUR L'EMPLOI DU MAGNÉTISME HUMAIN.

Le magnétisme exercé par l'homme ne sert pas seulement au soulagement de son semblable et à celui de tous les êtres, ainsi qu'à l'assainissement de toutes les habitations, il est employé aussi avec un grand avantage dans l'agriculture et dans l'horticulture pour magnétiser, avant de les mettre dans la terre, les semences, les noyaux, les racines et les plants de toutes espèces, avec la volonté de les faire croître plus rapidement et d'en développer les qualités vitales, nutritives ou thérapeutiques. Il sert de même dans l'opération de la greffe des végétaux pour magnétiser la bouture et la branche sur laquelle se fait l'incrustation, ainsi que les substances qui servent à garantir la greffe des atteintes de l'air, avec la volonté de fortifier le principe vital de la bouture et d'en activer le développement. Il sert aussi pour la conservation des céréales, des farines, des graines, des fruits, des légumes et des fourrages de toutes espèces. Le magnétisme humain est employé avec le même succès dans la famille lorsqu'une mère veut nourrir son enfant, pour lui magnétiser ses aliments et ses boissons, avec la volonté de donner à son lait les qualités nutritives et thérapeutiques nécessaires à la santé de l'enfant. Le même procédé est applicable aux femelles des animaux privés lorsqu'elles ont des petits. Le magnétisme sert aussi, dans les temps malsains, à conserver et à augmenter les qualités nutritives des substances alimentaires, tels que le laitage, le beurre et les autres transformations du lait, ainsi que les viandes et les œufs. Il est employé encore avec avantage pour saturer de fluide nutritif l'eau et les farines nécessaires pour former la pâte à faire le pain ou les pâtisseries.

Enfin, pour employer la puissance fluidique avec intelligence à conserver et à perfectionner l'état sanitaire de l'homme et celui de tous les êtres qui sont nécessaires à sa félicité, il suffit de savoir que la volonté est l'âme du magnétisme, et que l'âme humaine est la directrice de la volonté.

FIN.

TABLE DES MATIÈRES.

                                                                             Pages.

A M. Michel, auteur de la *Clé de la vie* et de la *Vie universelle*.................................... 3
A Mesmer, hommage de reconnaissance et de respect.... 5
Préface.. 7

PREMIÈRE PARTIE. — Définition et Théorie.

I. De l'atmosphère terrestre et de ses fluides...... 9
II. Du magnétisme humain........................ 10
III. Du fluide humain............................. 10
IV. De la puissance magnétique.................. 11
V. De l'utilité du magnétisme.................... 12
VI. Des organes conducteurs du fluide humain..... 12
VII. Des aptitudes d'un magnétiseur............... 12
VIII. Des devoirs d'un magnétiseur................. 12
IX. De l'exercice du magnétisme humain.......... 13
X. De l'exercice du souffle magnétique.......... 14
XI. De la sensibilité des êtres soumis à l'action magnétique.. 15
XII. Effets généraux de sensibilité que ressentent les personnes magnétisées pour la première fois..... 15
XIII. Des heures et de la durée des magnétisations.. 15
XIV. Des crises qui se produisent pendant le cours des traitements magnétiques........................ 16
XV. De la cause des maux et du remède à y apporter.. 16
XVI. Moyens d'attirer le fluide universel et manière de l'employer.................................... 16

DEUXIÈME PARTIE. — Pratique et application.

I. Magnétisation préparatoire applicable à tous les êtres. 18
II. De l'équilibre du sang........................ 18
III. Traitement des fièvres et des épidémies....... 19
IV. Traitement des douleurs rhumatismales et autres.. 19
V. Traitement de la paralysie.................... 20
VI. Traitement des plaies, ulcères, cancers, écrouelles, tumeurs et autres maux semblables........... 20

VII. Des différents genres de somnambules. 21
VIII. Des somnambules naturels. 21
IX. Des somnambules sensitifs. 21
X. Des somnambules lucides. 22
XI. Des voyants magnétiques. 22
XII. Formation des somnambules sensitifs, lucides et des voyants magnétiques. 23
XIII. Direction des somnambules sensitifs, lucides et des voyants magnétiques. 23
XIV. Manière d'établir le rapport magnétique. 24
XV. Magnétisation des animaux malades. 25
XVI. Magnétisation des végétaux malades. 25

TROISIÈME PARTIE. — Emploi des auxiliaires fluidiques.

I. Du régime magnétique approprié à tous les êtres malades. 27
II. Union sympathique, ou pile fluidique humaine. . . . 28
III. Magnétisation des boissons, liquides, aliments, substances et objets nécessaire à l'usage interne et externe dans les traitements magnétiques. 29
IV. Emploi des boissons, liquides, aliments et objets magnétisés. 30
V. De la destination invariable des liquides et des substances magnétisés. 30
VI. De la puissance magnétique communiquée à toutes les substances. 30
VII. Effets des boissons et des aliments magnétisés. . . 30
VIII. Effets des eaux purgatives et dépuratives magnétiques. 31
IX. Puissance fluidique de la musique vocale et instrumentale. 31
X. Puissance fluidique du choc magnétique. 31
XI. Récipient fait avec de la limaille d'acier ou avec de l'eau. 31
XII. Magnétisation des végétaux employés comme récipient fluidique. 32
Conclusions générales sur l'emploi du magnétisme humain. 34

FIN DE LA TABLE DES MATIÈRES.

Paris. — Imp. de Pommeret et Moreau, 42, rue Varin.

www.ingramcontent.com/pod-product-compliance
Lightning Source LLC
Chambersburg PA
CBHW070443080426
42451CB00025B/1364